AF175838

Impressum
Verlag: BABADADA GmbH, Nedderfeld 112 , 22529 Hamburg
Geschäftsführer / Verlagsleitung: Harald Hof
Druck: Books on Demand GmbH, In de Tarpen 42, 22848 Norderstedt

Imprint
Publisher: BABADADA GmbH, Nedderfeld 112 , 22529 Hamburg, Germany
Managing Director / Publishing direction: Harald Hof
Print: Books on Demand GmbH, In de Tarpen 42, 22848 Norderstedt

die Schule

colegio

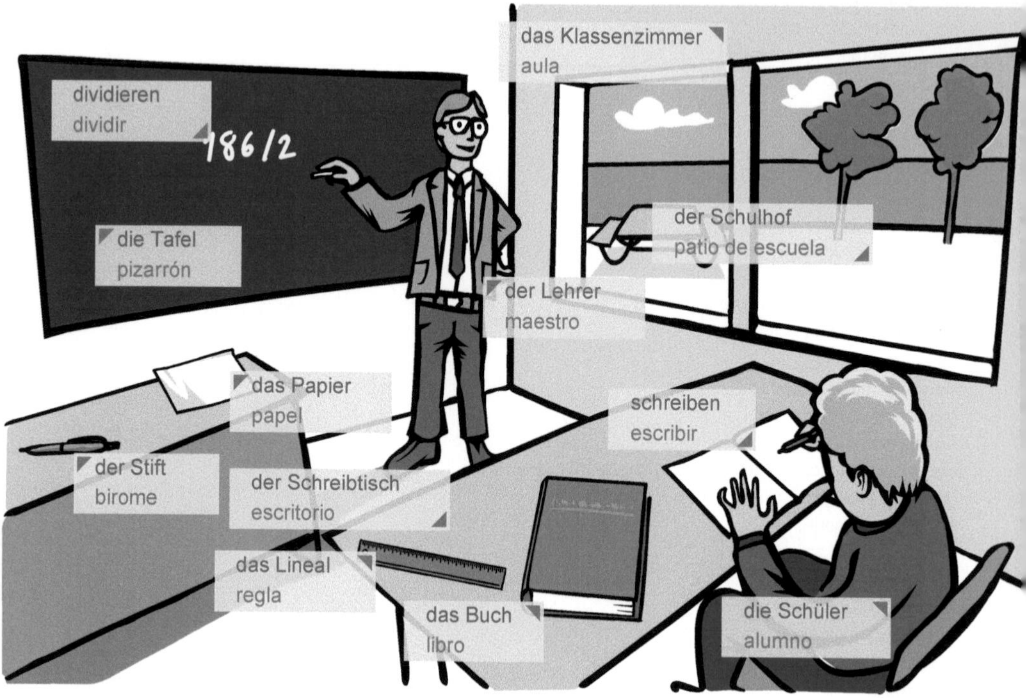

dividieren
dividir

186/2

die Tafel
pizarrón

das Klassenzimmer
aula

der Schulhof
patio de escuela

der Lehrer
maestro

das Papier
papel

der Stift
birome

der Schreibtisch
escritorio

das Lineal
regla

das Buch
libro

schreiben
escribir

die Schüler
alumno

die Schultasche

mochila

die Federmappe

caja de lápices

der Bleistift

lápiz

der Bleistiftspitzer

sacapuntas

der Radierer

goma (de borrar)

der Zeichenblock

bloc de dibujo

die Zeichnung
dibujo

der Pinsel
pincel

der Malkasten
caja de pinturas

die Schere
tijera

der Klebstoff
pegamento

das Übungsheft
cuaderno de ejercicios

die Hausübung
tarea

die Zahl
número

addieren
sumar

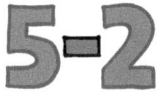

subtrahieren
restar

multiplizieren
multiplicar

rechnen
calcular

der Buchstabe
letra

das Alphabet
abecedario

das Wort
palabra

der Text

texto

lesen

leer

die Kreide

tiza

die Unterrichtsstunde

lección

das Klassenbuch

cuaderno de clase

die Prüfung

examen

das Zeugnis

certificado

die Schuluniform

uniforme escolar

die Ausbildung

educación

das Lexikon

enciclopedia

die Universität

universidad

das Mikroskop

microscopio

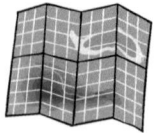

die Karte

mapa

der Papierkorb

tacho (de basura)

die Reise
viaje

das Hotel
hotel
Grand
die Jugendherberge
hostel
ROOMS
die Wechselstube
casa de cambio
EXCHANGE
der Koffer
valija
das Auto
auto

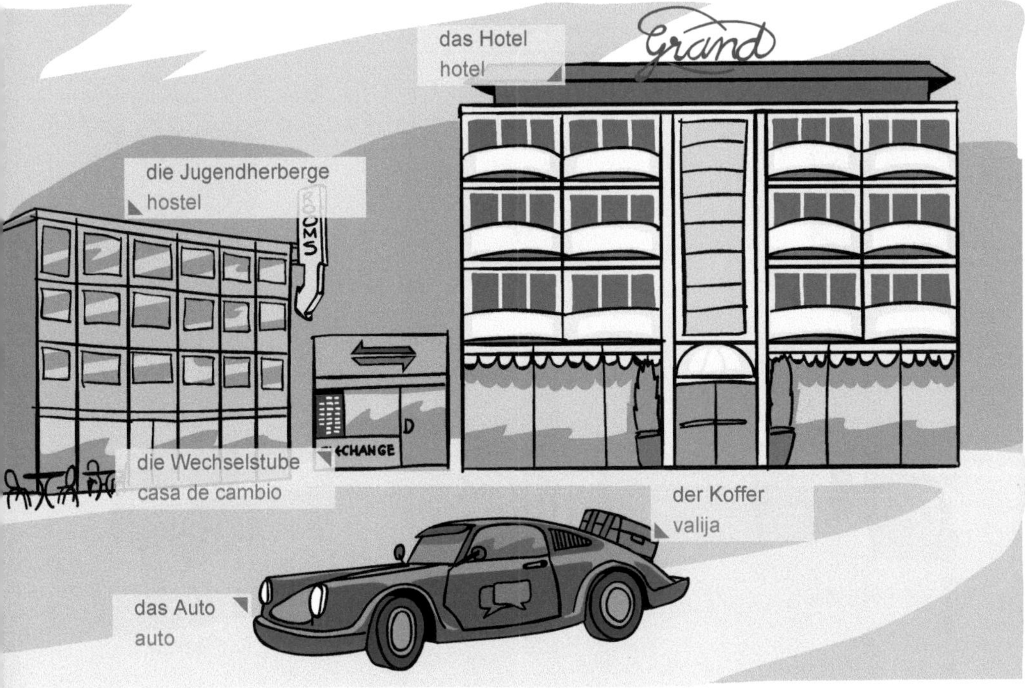

die Sprache

idioma

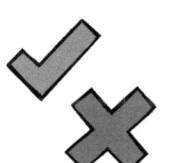

ja / nein

sí / no

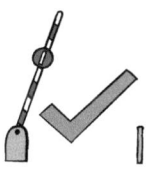

Okay

Está bien

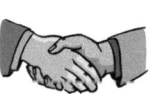

Hallo

hola

die Dolmetscherin

traductor

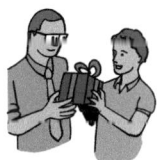

Danke

Gracias

Wie viel kostet …?

¿cuánto cuesta…?

Ich verstehe nicht.

No entiendo

das Problem

problema

Guten Abend!

¡Buenas tardes!

Guten Morgen!

¡Buenos días!

Gute Nacht!

¡Buenas noches!

Auf Wiederschaun!

adiós

die Richtung

dirección

das Gepäck

equipaje

die Tasche

bolso

der Rucksack

mochila

der Gast

invitado

das Zimmer

habitación

der Schlafsack

bolsa de dormir

das Zelt

carpa

die Touristeninformation

información turística

der Strand

playa

die Kreditkarte

tarjeta de crédito

das Frühstück

desayuno

das Mittagessen

almuerzo

das Abendessen

cena

die Fahrkarte

pasaje

der Lift

ascensor

die Briefmarke

sello

die Grenze

frontera

der Zoll

aduana

die Botschaft

embajada

das Visum

visa

der Pass

pasaporte

der Transport
transporte

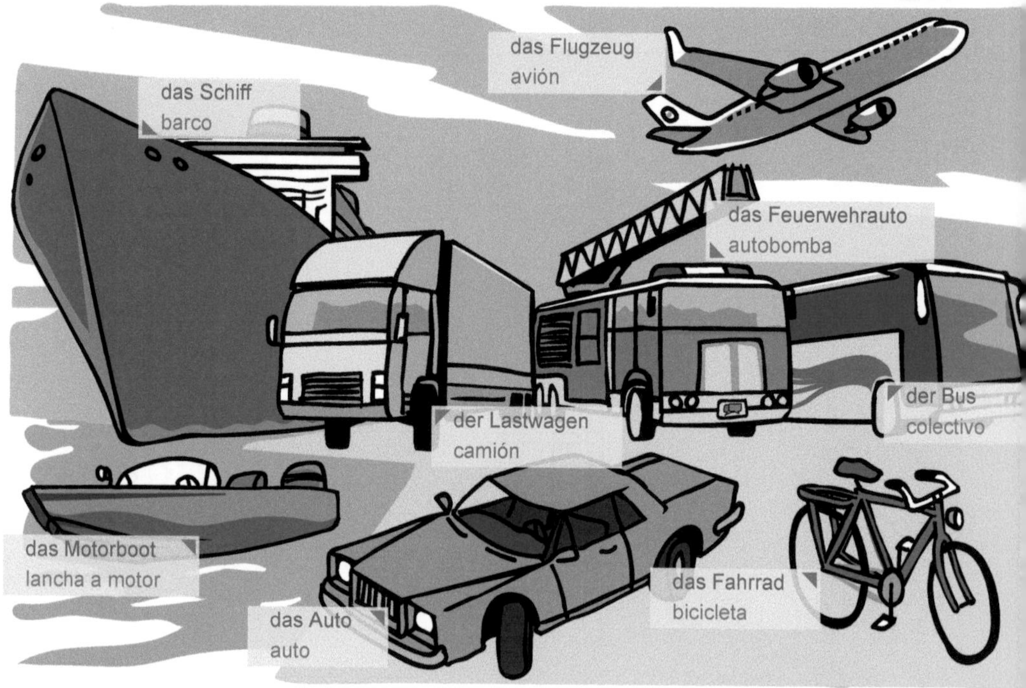
das Flugzeug
avión
das Schiff
barco
das Feuerwehrauto
autobomba
der Lastwagen
camión
der Bus
colectivo
das Motorboot
lancha a motor
das Fahrrad
bicicleta
das Auto
auto

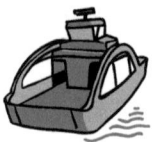

die Fähre

ferry

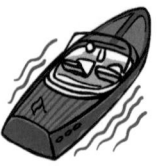

das Boot

bote

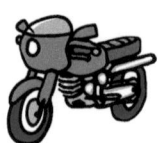

das Motorrad

moto

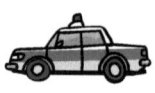

das Polizeiauto

patrullero

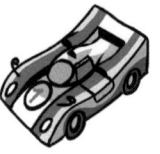

das Rennauto

auto de carreras

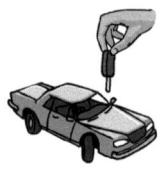

der Mietwagen

auto de alquiler

das Carsharing

alquiler de autos

der Abschleppwagen

grúa

der Müllwagen

camión de basura

der Motor

motor

der Kraftstoff

nafta

die Tankstelle

estación de servicio

das Verkehrsschild

señal de tránsito

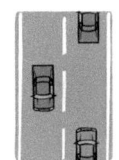

der Verkehr

tránsito

der Stau

embotellamiento

der Parkplatz

estacionamiento

der Bahnhof

estación de tren

die Schienen

vías

der Zug

tren

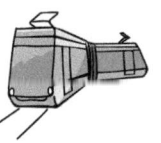

die Straßenbahn

tranvía

der Wagon

vagón

der Hubschrauber

helicóptero

der Flughafen

aeropuerto

der Tower

torre

der Passagier

pasajero

der Container

contenedor

der Karton

caja de cartón

der Rollwagen

carretilla

der Korb

canasta

starten / landen

despegar / aterrizar

die Stadt

ciudad

das Dorf

pueblo

das Stadtzentrum

centro de ciudad

das Haus

casa

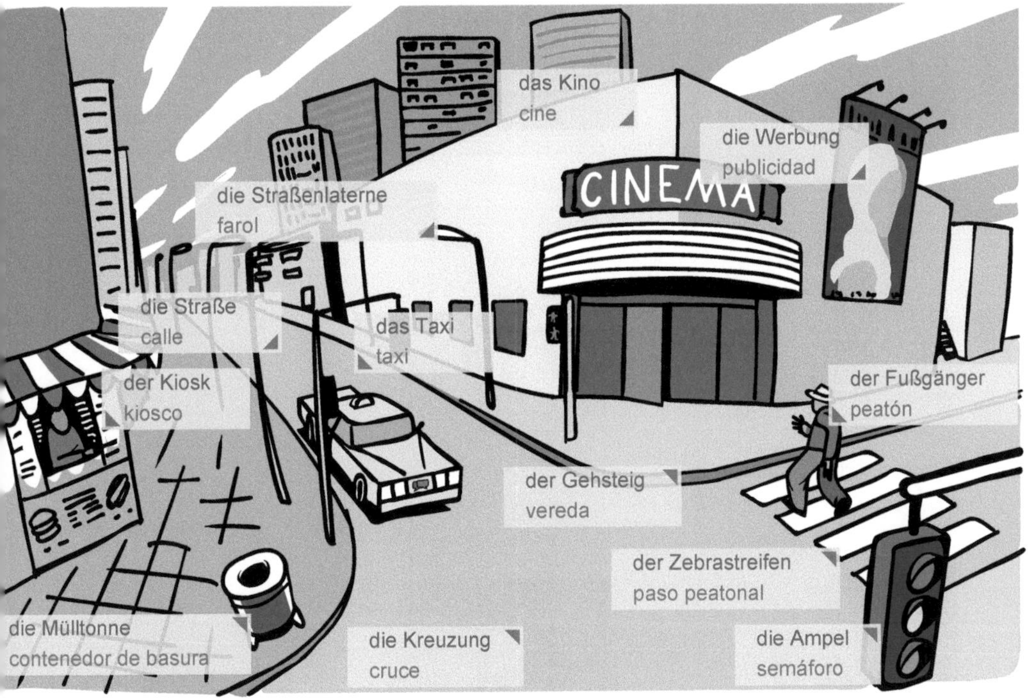

das Kino
cine

die Werbung
publicidad

die Straßenlaterne
farol

CINEMA

die Straße
calle

das Taxi
taxi

der Kiosk
kiosco

der Fußgänger
peatón

der Gehsteig
vereda

der Zebrastreifen
paso peatonal

die Mülltonne
contenedor de basura

die Kreuzung
cruce

die Ampel
semáforo

die Hütte
cabaña

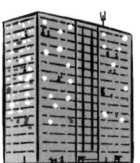

die Wohnung
departamento

der Bahnhof
estación de tren

das Rathaus
municipalidad

das Museum
museo

die Schule
colegio

die Universität

universidad

die Bank

banco

das Spital

hospital

das Hotel

hotel

die Apotheke

farmacia

das Büro

oficina

die Buchhandlung

librería

das Geschäft

negocio

der Blumenladen

florería

der Supermarkt

supermercado

der Markt

mercado

das Kaufhaus

grandes tiendas

der Fischhändler

pescadería

das Einkaufszentrum

centro comercial

der Hafen

puerto

der Park

parque

die Bank

banco

die Brücke

puente

die Stiege

escaleras

die U-Bahn

subte

der Tunnel

túnel

die Bushaltestelle

parada del colectivo

die Bar

bar

das Restaurant

restaurante

der Briefkasten

buzón

das Straßenschild

letrero

die Parkuhr

parquímetro

der Zoo

zoológico

die Badeanstalt

pileta

die Moschee

mezquita

der Bauernhof

granja

die Umweltverschmutzung

contaminación

der Friedhof

cementerio

die Kirche

iglesia

der Spielplatz

juegos infantiles

der Tempel

templo

die Landschaft

paisaje

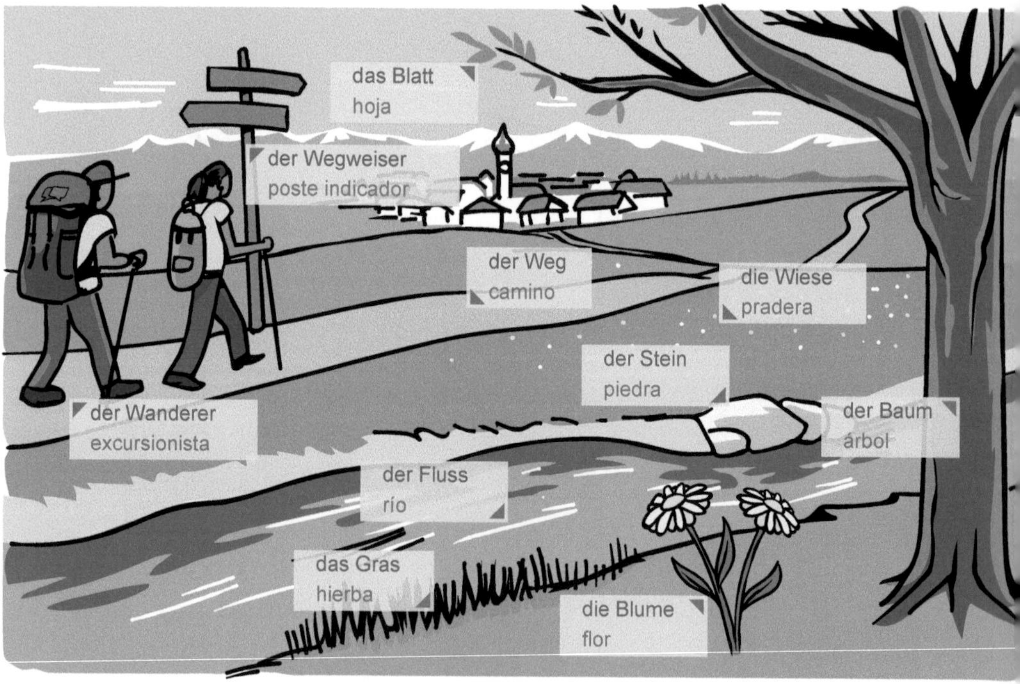

das Blatt
hoja

der Wegweiser
poste indicador

der Weg
camino

die Wiese
pradera

der Stein
piedra

der Baum
árbol

der Wanderer
excursionista

der Fluss
río

das Gras
hierba

die Blume
flor

das Tal
valle

der Hügel
montaña

der See
lago

der Wald
bosque

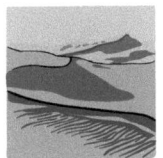

die Wüste
desierto

der Vulkan
volcán

das Schloss
castillo

der Regenbogen
arco iris

der Pilz
champiñón

die Palme
palmera

der Moskito
mosquito

die Fliege
mosca

die Ameise
hormiga

die Biene
abeja

die Spinne
araña

die Landschaft - paisaje

der Käfer

escarabajo

der Frosch

rana

das Eichhörnchen

ardilla

der Igel

erizo

der Hase

liebre

die Eule

lechuza

die Vogel

pájaro

der Schwan

cisne

das Wildschwein

jabalí

der Hirsch

ciervo

der Elch

alce

der Staudamm

presa

das Windrad

aerogenerador

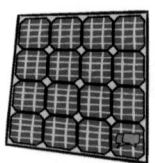

das Solarmodul

panel solar

das Klima

clima

das Restaurant
restaurante

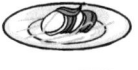

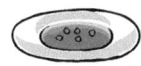

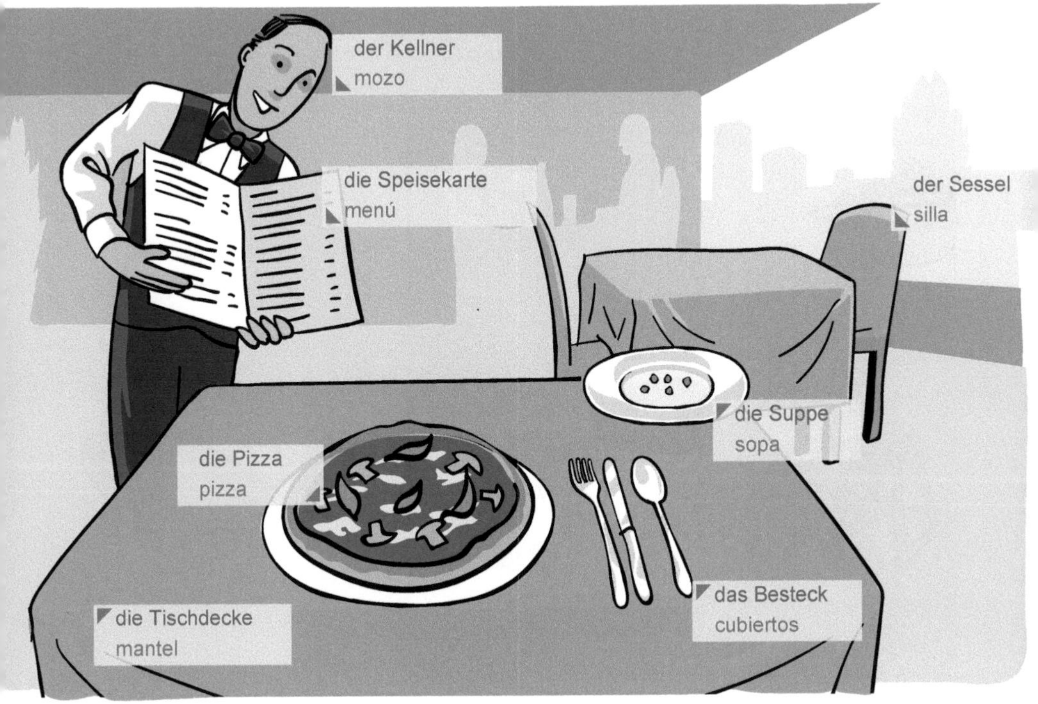
der Kellner
mozo
die Speisekarte
menú
der Sessel
silla
die Suppe
sopa
die Pizza
pizza
das Besteck
cubiertos
die Tischdecke
mantel

die Vorspeise
entrada

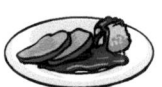

das Hauptgericht
plato principal

die Nachspeise
postre

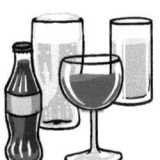

die Getränke
bebidas

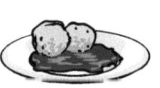

das Essen
comida

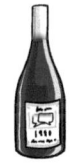

die Flasche
botella

das Fastfood
comida rápida

das Streetfood
comida callejera

die Teekanne
tetera

die Zuckerdose
azucarera

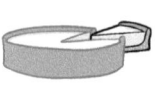

die Portion
porción

die Espressomaschine
cafetera expreso

der Kinderstuhl
sillita alta

die Rechnung
cuenta

das Tablett
bandeja

das Messer
cuchillo

die Gabel
tenedor

der Löffel
cuchara

der Teelöffel
cucharita

die Serviette
servilleta

das Glas
vaso

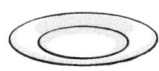

der Teller

plato

der Suppenteller

plato hondo

die Untertasse

plato

die Sauce

salsa

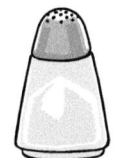

der Salzstreuer

salero

die Pfeffermühle

molinillo de pimienta

der Essig

vinagre

das Öl

aceite

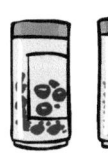

die Gewürze

especias

das Ketchup

kétchup

der Senf

mostaza

die Mayonnaise

mayonesa

der Supermarkt
supermercado

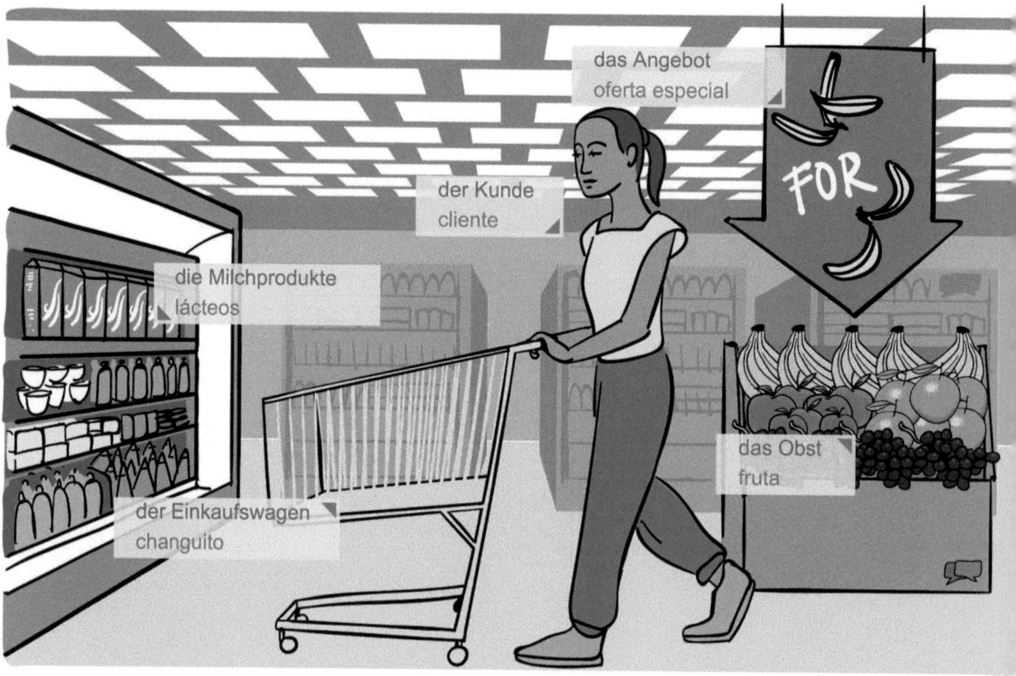

das Angebot
oferta especial

der Kunde
cliente

die Milchprodukte
lácteos

der Einkaufswagen
changuito

das Obst
fruta

FOR

die Schlachterei

carnicería

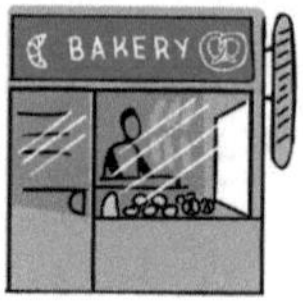

die Bäckerei

panadería

wiegen

pesar

das Gemüse

verduras

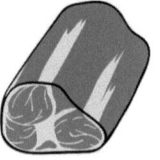

das Fleisch

carne

die Tiefkühlkost

alimentos congelados

der Aufschnitt

fiambres

die Konserven

alimentos enlatados

das Waschmittel

detergente en polvo

die Süßigkeiten

golosinas

die Haushaltsartikel

electrodomésticos

die Reinigungsmittel

das Reinigungsmittel

productos de limpieza

die Verkäuferin

vendedora

die Kassa

caja

die Kassiererin

cajero

die Einkaufsliste

lista de compras

die Öffnungszeiten

horario de atención

die Brieftasche

billetera

die Kreditkarte

tarjeta de crédito

die Tasche

cartera

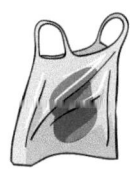

die Plastiktüte

bolsa de plástico

das Wasser

agua

der Saft

jugo

die Milch

leche

die Cola

bebida cola

der Wein

vino

das Bier

cerveza

der Alkohol

alcohol

der Kakao

cacao

der Tee

té

der Kaffee

café

der Espresso

café expreso

der Cappuccino

cappuccino

die Banane

banana

der Apfel

manzana

die Orange

naranja

die Melone

melón

die Zitrone

limón

die Karotte

zanahoria

der Knoblauch

ajo

der Bambus

bambú

die Zwiebel

cebolla

der Pilz

champiñón

die Nüsse

nueces

die Nudeln

fideos

die Spaghetti

tallarines

der Reis

arroz

der Salat

ensalada

die Pommes frites

papas fritas

die Bratkartoffeln

papas fritas

die Pizza

pizza

der Hamburger

hamburguesa

das Sandwich

sándwich

das Schnitzel

churrasco

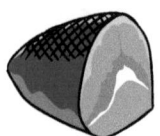

der Schinken

jamón

die Salami

salame

die Wurst

salchicha

das Huhn

pollo

der Braten

asado

der Fisch

pescado

die Haferflocken

copos de avena

das Müsli

muesli

die Cornflakes

copos de maíz

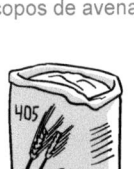

das Mehl

harina

das Croissant

medialuna

die Semmel

pancito

das Brot

pan

der Toast

tostada

die Kekse

galletitas

die Butter

manteca

der Topfen

cuajada

der Kuchen

torta

das Ei

huevo

das Spiegelei

huevo frito

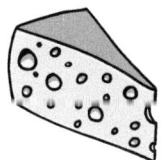

der Käse

queso

die Eiscreme

helado

der Zucker

azúcar

der Honig

miel

die Marmelade

mermelada

der Schokoladenaufstrich

pasta de chocolate

das Curry

curry

der Bauernhof
granja

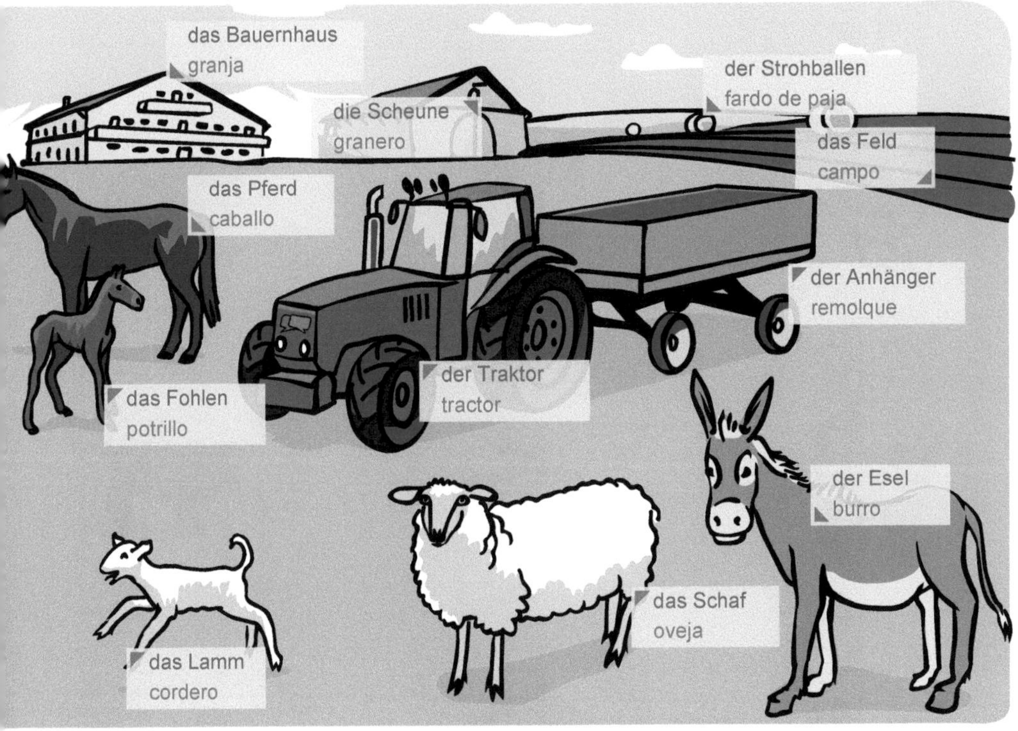
das Bauernhaus
granja
die Scheune
granero
der Strohballen
fardo de paja
das Feld
campo
das Pferd
caballo
der Anhänger
remolque
der Traktor
tractor
das Fohlen
potrillo
der Esel
burro
das Schaf
oveja
das Lamm
cordero

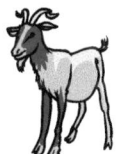

die Ziege
cabra

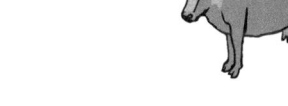

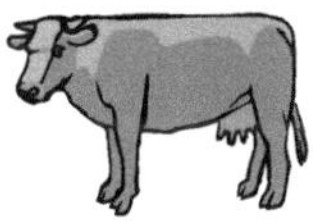

die Kuh
vaca

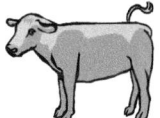

das Kalb
ternero

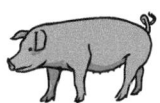

das Schwein
cerdo

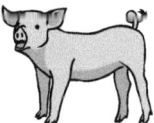

das Ferkel
lechón

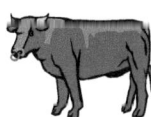

der Stier
toro

die Gans

ganso

die Ente

pato

das Küken

pollo

das Huhn

gallina

der Hahn

gallo

die Ratte

rata

die Katze

gato

die Maus

ratón

der Ochse

buey

der Hund

perro

die Hundehütte

cucha

der Gartenschlauch

manguera

die Gießkanne

regadera

die Sense

guadaña

der Pflug

arado

die Sichel

hoz

die Hacke

azada

die Mistgabel

horquilla

die Axt

hacha

die Schubkarre

carretilla

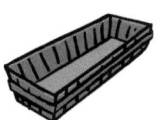

der Trog

abrevadero

die Milchkanne

lechera

der Sack

bolsa

der Zaun

reja

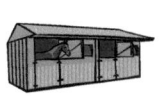

der Stall

establo

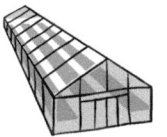

das Treibhaus

invernadero

der Boden

suelo

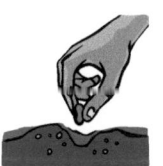

die Saat

semilla

der Dünger

fertilizador

der Mähdrescher

cosechadora

ernten

cosechar

die Ernte

cosecha

die Yamswurzel

batatas

der Weizen

trigo

das Soja

soja

der Erdapfel

papa

der Mais

maíz

der Raps

semilla de colza

der Obstbaum

árbol frutal

der Maniok

mandioca

das Getreide

cereales

das Haus
casa

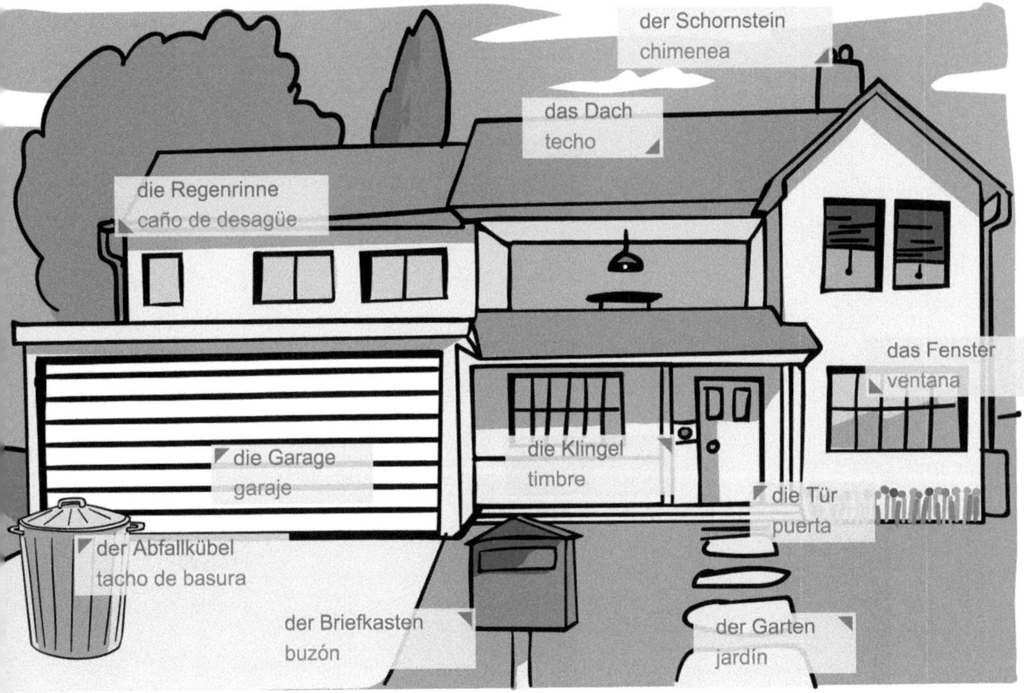
der Schornstein
chimenea
das Dach
techo
die Regenrinne
caño de desagüe
das Fenster
ventana
die Klingel
timbre
die Garage
garaje
die Tür
puerta
der Abfallkübel
tacho de basura
der Briefkasten
buzón
der Garten
jardín

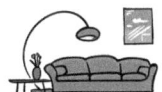

das Wohnzimmer

living

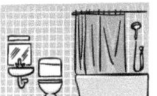

das Badezimmer

baño

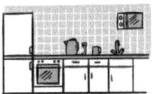

die Küche

cocina

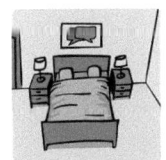

das Schlafzimmer

dormitorio

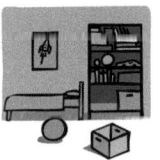

das Kinderzimmer

cuarto de los chicos

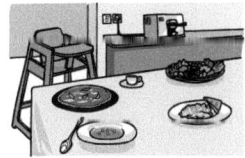

das Esszimmer

comedor

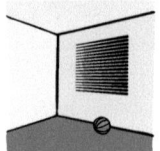

der Boden
piso

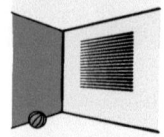

die Wand
pared

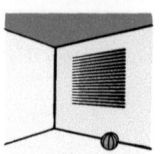

die Decke
cielorraso

der Keller
sótano

die Sauna
sauna

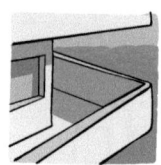

der Balkon
balcón

die Terrasse
terraza

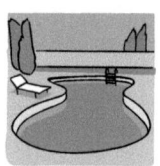

das Schwimmbad
pileta

der Rasenmäher
cortadora de pasto

der Bettbezug
sábana

die Bettdecke
acolchado

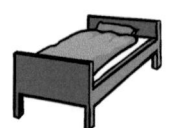

das Bett
cama

der Besen
escoba

der Kübel
balde

der Schalter
interruptor

das Wohnzimmer
living

die Tapete
empapelado
das Bild
imagen
die Lampe
lámpara
das Regal
estante
der Schrank
armario
der Fernseher
televisión
der Kamin
chimenea
die Blume
flor
der Polster
almohadón
das Sofa
sofá
die Vase
florero
die Fernbedienung
control remoto

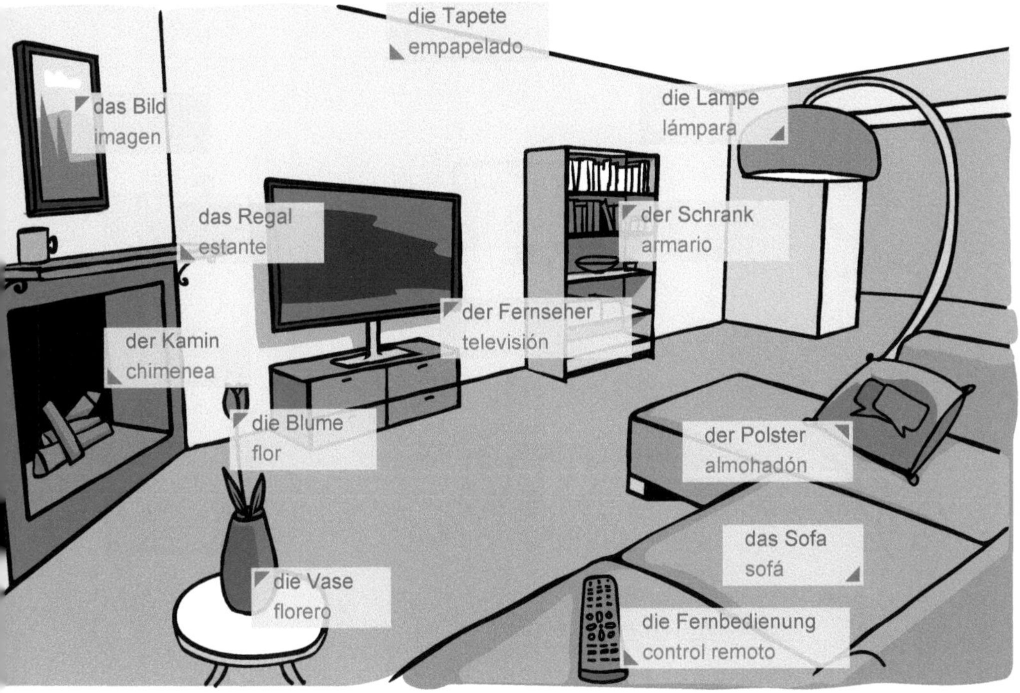

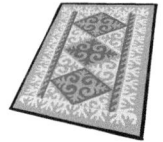

der Teppich

alfombra

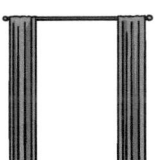

der Vorhang

cortina

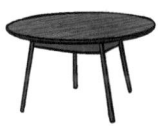

der Tisch

mesa

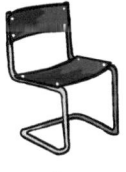

der Sessel

silla

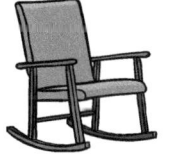

der Schaukelstuhl

mecedora

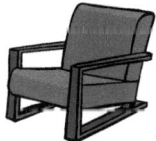

der Sessel

sillón

das Buch

libro

die Decke

frazada

die Dekoration

decoración

das Feuerholz

leña

der Film

película

die Stereoanlage

equipo de música

der Schlüssel

llave

die Zeitung

diario

das Gemälde

pintura

das Poster

póster

das Radio

radio

der Notizblock

cuaderno

der Staubsauger

aspiradora

der Kaktus

cactus

die Kerze

vela

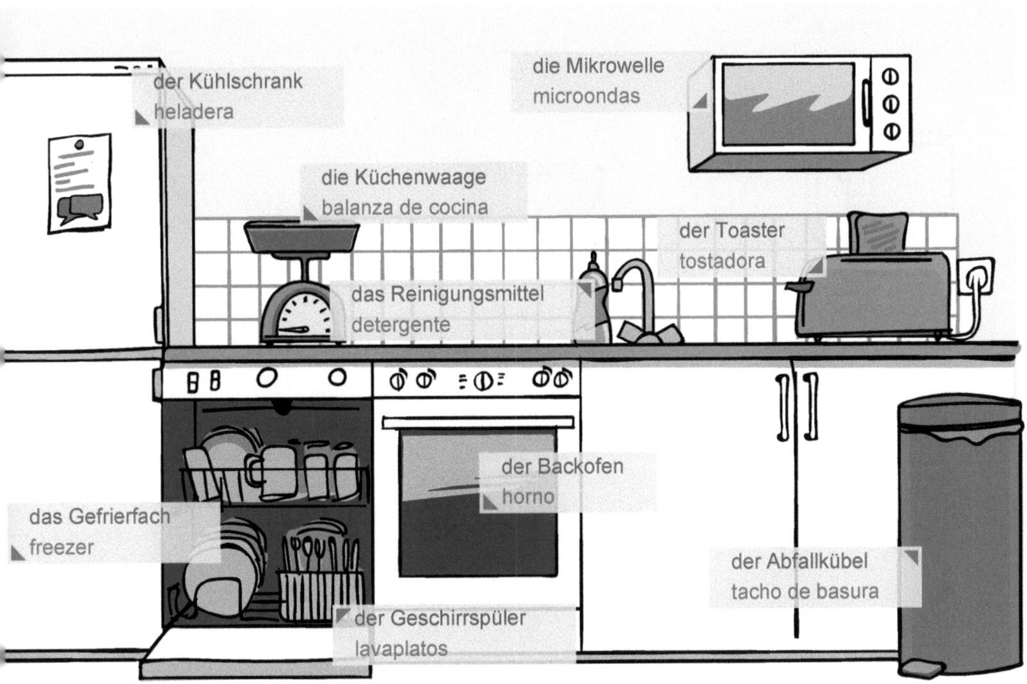

der Kühlschrank
heladera

die Mikrowelle
microondas

die Küchenwaage
balanza de cocina

der Toaster
tostadora

das Reinigungsmittel
detergente

der Backofen
horno

das Gefrierfach
freezer

der Abfallkübel
tacho de basura

der Geschirrspüler
lavaplatos

der Herd

cocina

der Topf

olla

der Eisentopf

olla de hierro fundido

der Wok / Kadai

wok

die Pfanne

sartén

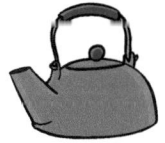

der Wasserkocher

pava

der Dampfgarer

vaporera

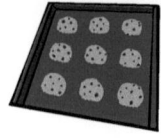

das Backblech

bandeja de horno

das Geschirr

vajilla

der Becher

taza

die Schale

bol

die Essstäbchen

palitos

der Schöpflöffel

cucharón

der Pfannenwender

estpátula

der Schneebesen

batidora

das Kochsieb

colador

das Sieb

colador

die Reibe

rallador

der Mörser

mortero

der Grill

parrilla

das Kaminfeuer

fogata

das Schneidebrett

tabla de picar

das Nudelholz

palo de amasar

der Korkenzieher

sacacorchos

die Dose

lata

der Dosenöffner

abrelatas

der Topflappen

manopla

das Waschbecken

pileta

die Bürste

cepillo

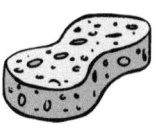

der Schwamm

esponja

der Mixer

batidora

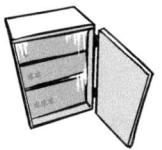

die Gefriertruhe

congelador

die Babyflasche

mamadera

der Wasserhahn

canilla

die Küche - cocina

das Badezimmer
baño

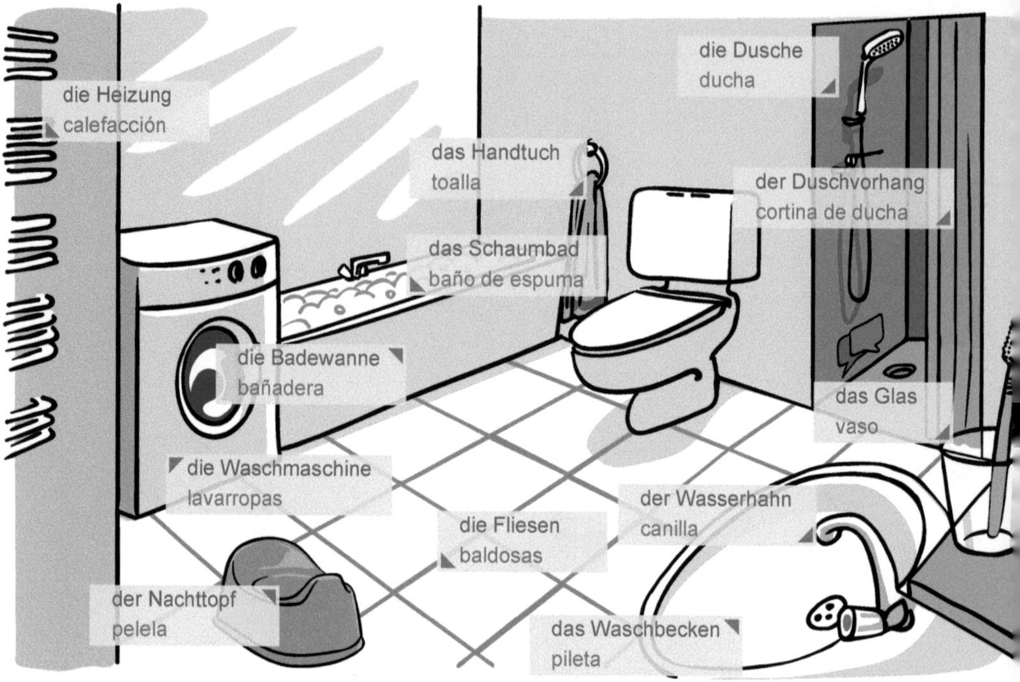

die Dusche
ducha

die Heizung
calefacción

das Handtuch
toalla

der Duschvorhang
cortina de ducha

das Schaumbad
baño de espuma

die Badewanne
bañadera

das Glas
vaso

die Waschmaschine
lavarropas

die Fliesen
baldosas

der Wasserhahn
canilla

der Nachttopf
pelela

das Waschbecken
pileta

das Klo

inodoro

die Hocktoilette

letrina

das Bidet

bidé

das Pissoir

mingitorio

das Klopapier

papel higiénico

die Klobürste

cepillo para el inodoro

die Zahnbürste

cepillo de dientes

die Zahnpasta

dentífrico

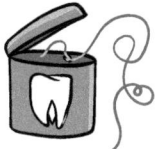

die Zahnseide

hilo dental

waschen

lavar

die Handbrause

ducha de mano

die Intimdusche

ducha higiénica

die Waschschüssel

palangana

die Rückenbürste

cepillo para espalda

die Seife

jabón

das Duschgel

gel de ducha

das Shampoo

shampoo

der Waschlappen

toallita

der Abfluss

desagüe

die Creme

crema

das Deodorant

desodorante

der Spiegel

espejo

der Kosmetikspiegel

espejito

der Rasierer

maquinita de afeitar

der Rasierschaum

espuma de afeitar

das Rasierwasser

aftershave

der Kamm

peine

die Bürste

cepillo

der Föhn

secador de pelo

das Haarspray

spray

das Makeup

maquillaje

der Lippenstift

lápiz de labios

der Nagellack

esmalte para uñas

die Watte

algodón

die Nagelschere

tijera para uñas

das Parfum

perfume

der Kulturbeutel

portacosméticos

der Hocker

banqueta

die Waage

balanza

der Bademantel

bata

die Gummihandschuhe

guantes de goma

das Tampon

tampón

die Damenbinde

toallita femenina

die Chemietoilette

baño químico

das Kinderzimmer
cuarto de los chicos

der Wecker
despertador
das Kuscheltier
peluche
das Spielzeugauto
coche de juguete
die Rassel
sonajero
das Puppenhaus
casa de muñecas
das Geschenk
regalo

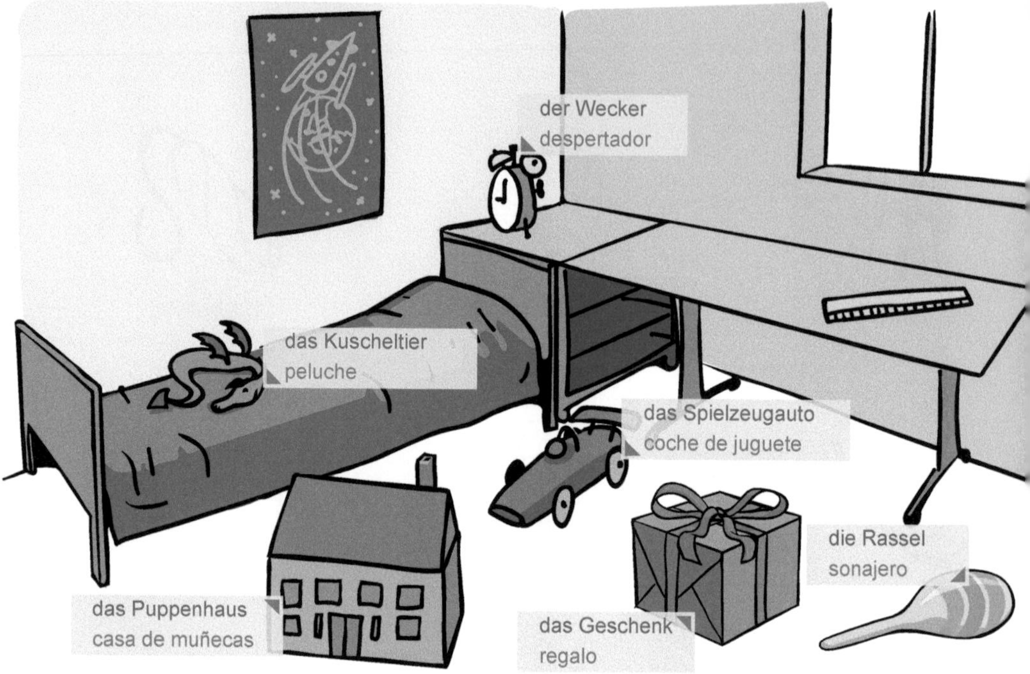

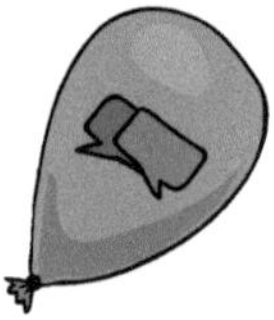

der Ballon
globo

das Bett
cama

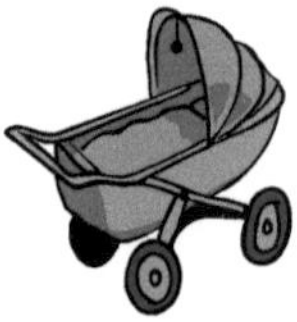

der Kinderwagen
cochecito

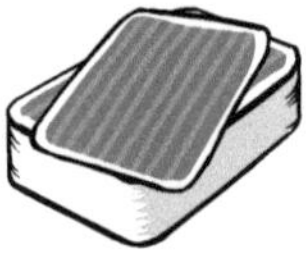

das Kartenspiel
cartas

das Puzzle
rompecabezas

SUPER
MEGA

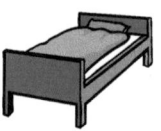

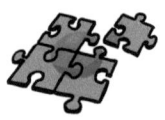

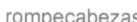

der Comic
historieta

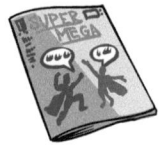

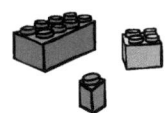

die Legosteine

piezas de lego

die Bausteine

ladrillos de juguete

die Actionfigur

figura de acción

der Strampelanzug

enterito (de bebé)

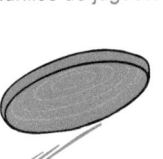

das Frisbee

frisbee

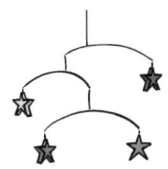

das Mobile

móvil para bebés

das Brettspiel

juego de mesa

der Würfel

dados

die Modelleisenbahn

tren eléctrico

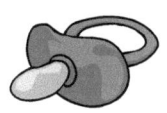

der Schnuller

chupete

die Party

fiesta

das Bilderbuch

libro de cuentos ilustrado

der Ball

pelota

die Puppe

muñeca

spielen

jugar

das Kinderzimmer - cuarto de los chicos

der Sandkasten

arenero

die Schaukel

hamaca

das Spielzeug

juguetes

die Spielkonsole

consola de videojuegos

das Dreirad

triciclo

der Teddy

osito de peluche

der Kleiderschrank

armario

die Kleidung

ropa

die Socken

medias

die Strümpfe

medias panty

die Strumpfhose

calzas

der Schal
bufanda

der Regenschirm
paraguas

das T-Shirt
remera

der Gürtel
cinturón

die Stiefel
botas

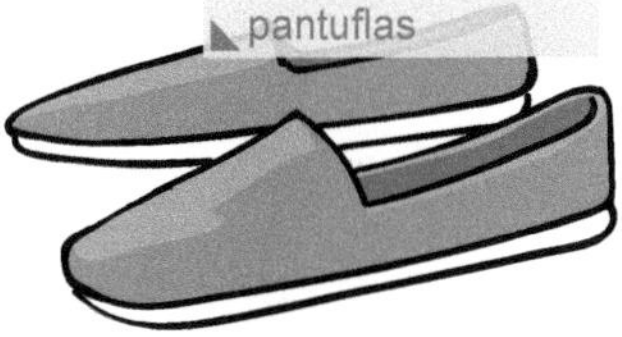

die Hausschuhe
pantuflas

die Turnschuhe
zapatillas

die Sandalen

sandalias

die Schuhe

zapatos

die Gummistiefel

botas de goma

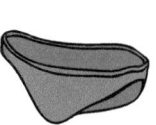

die Unterhose

ropa interior

der Büstenhalter

corpiño

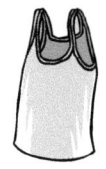

das Unterhemd

chaleco

der Body

body

die Hose

pantalones

die Jeans

jeans

der Rock

pollera

die Bluse

blusa

das Hemd

camisa

der Pullover

pulóver

der Kapuzenpullover

buzo

der Blazer

blazer

die Jacke

campera

der Mantel

tapado

der Regenmantel

piloto

das Kostüm

traje

das Kleid

vestido

das Hochzeitskleid

vestido de novia

der Anzug

traje

das Nachthemd

camisón

der Pyjama

pijama

der Sari

sari

das Kopftuch

pañuelo para cabeza

der Turban

turbante

die Burka

burka

der Kaftan

caftán

die Abaya

abaya

der Badeanzug

traje de baño

die Badehose

short de baño

die kurze Hose

shorts

der Jogginganzug

jogging

die Schürze

delantal

die Handschuhe

guantes

der Knopf

botón

die Brille

anteojos

das Armband

pulsera

die Halskette

collar

der Ring

anillo

der Ohrring

aro

die Mütze

gorra

der Kleiderbügel

percha

der Hut

sombrero

die Krawatte

corbata

der Reißverschluss

cierre

der Helm

casco

der Hosenträger

tiradores

die Schuluniform

uniforme escolar

die Uniform

uniforme

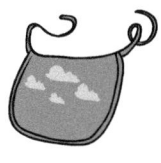

das Lätzchen

babero

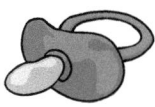

der Schnuller

chupete

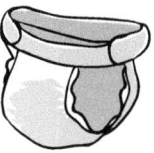

die Windel

pañal

das Büro
oficina

der Server
servidor
der Aktenschrank
archivero
der Drucker
impresora
as Papier
apel
der Monitor
monitor
die Maus
mouse
der Schreibtisch
escritorio
der Ordner
carpeta
die Tastatur
teclado
der Sessel
silla
der Papierkorb
tacho (de basura)
der Computer
computadora

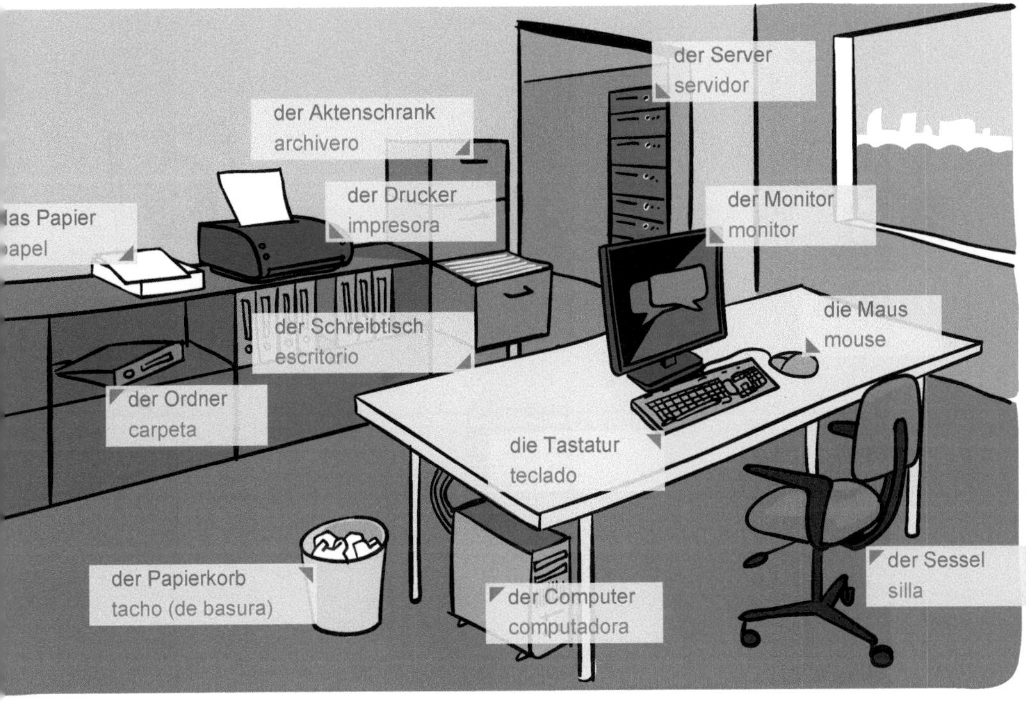

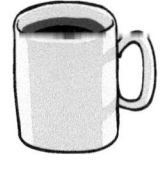

der Kaffeebecher

taza de café

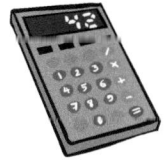

der Taschenrechner

calculadora

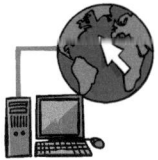

das Internet

internet

der Laptop

laptop

der Brief

carta

die Nachricht

mensaje

das Handy

celular

das Netzwerk

red

der Kopierer

fotocopiadora

die Software

software

das Telefon

teléfono

die Steckdose

tomacorriente

das Fax

fax

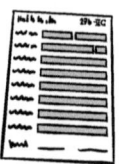

das Formular

formulario

das Dokument

documento

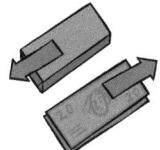

kaufen

comprar

bezahlen

pagar

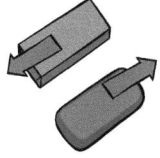

handeln

hacer negocios

das Geld

dinero

der Dollar

dólar

der Euro

euro

der Yen

yen

der Rubel

rublo

der Franken

franco suizo

der Renminbi Yuan

yuan

die Rupie

rupia

der Bankomat

cajero automático

die Wechselstube

casa de cambio

das Gold

oro

das Silber

plata

das Öl

petróleo

die Energie

energía

der Preis

precio

der Vertrag

contrato

die Steuer

impuesto

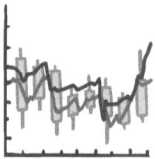

die Aktie

acción

arbeiten

trabajar

der Angestellte

empleado

der Arbeitgeber

empleador

die Fabrik

fábrica

das Geschäft

negocio

die Berufe
ocupaciones

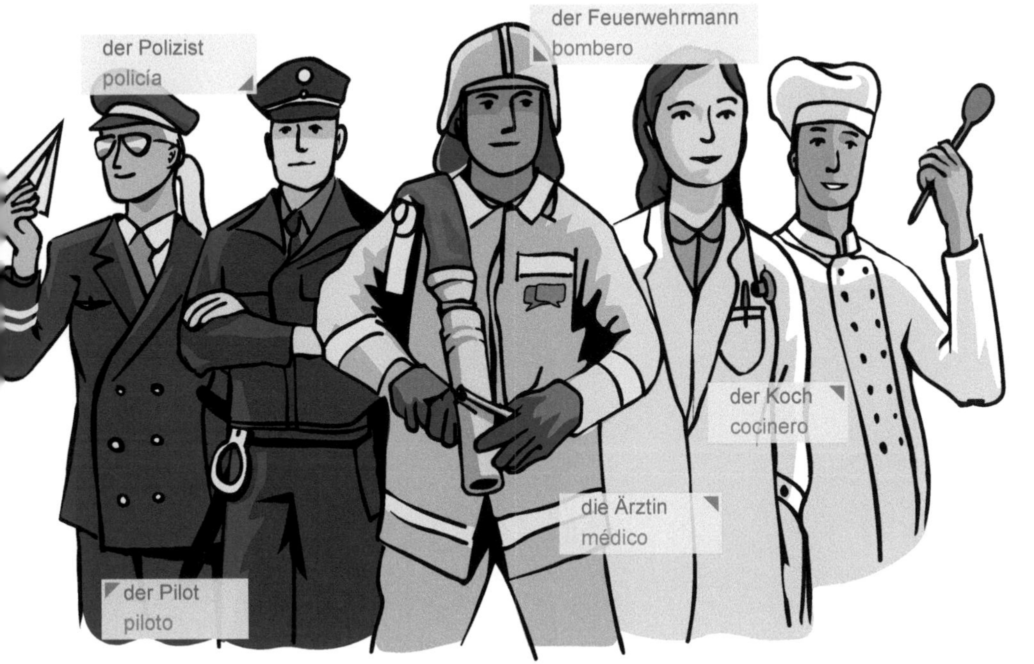

der Polizist
policía
der Feuerwehrmann
bombero
der Koch
cocinero
die Ärztin
médico
der Pilot
piloto

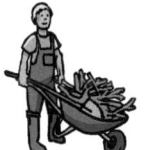

der Gärtner

jardinero

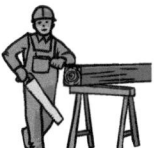

der Tischler

carpintero

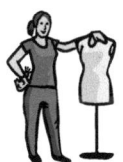

die Schneiderin

modista

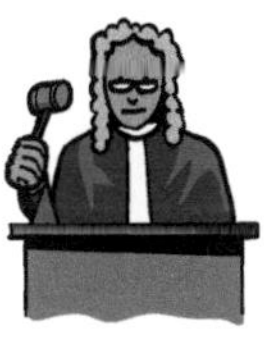

der Richter

juez

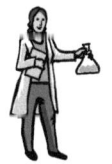

die Chemikerin

farmacéutico

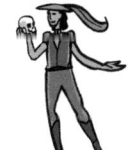

der Schauspieler

actor

der Busfahrer

colectivero

der Taxifahrer

taxista

der Fischer

pescador

die Putzfrau

mucama

der Dachdecker

techista

der Kellner

mozo

der Jäger

cazador

der Maler

pintor

der Bäcker

panadero

der Elektriker

electricista

der Bauarbeiter

albañil

der Ingenieur

ingeniero

der Schlachter

carnicero

der Installateur

plomero

die Briefträgerin

cartero

der Soldat

soldado

der Architekt

arquitecto

die Kassiererin

cajero

die Blumenhändlerin

florista

der Friseur

peluquero

der Schaffner

cobrador

der Mechaniker

mecánico

der Kapitän

capitán

die Zahnärztin

dentista

der Wissenschaftler

científico

der Rabbi

rabino

der Imam

imán

der Mönch

monje

der Pfarrer

sacerdote

die Werkzeuge
herramientas

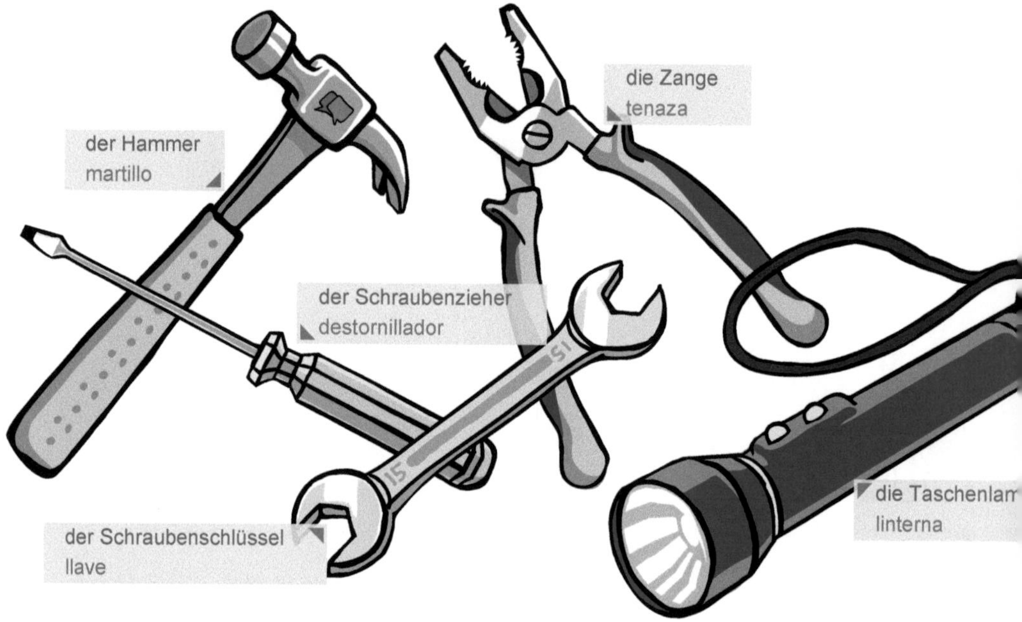

der Hammer
martillo

die Zange
tenaza

der Schraubenzieher
destornillador

der Schraubenschlüssel
llave

die Taschenlampe
linterna

der Bagger

excavadora

der Werkzeugkasten

caja de herramientas

die Leiter

escalera portátil

die Säge

sierra

die Nägel

clavos

der Bohrer

taladro

reparieren

arreglar

die Schaufel

pala de jardín

Scheiße!

¡Qué bronca!

die Kehrschaufel

pala de plástico

der Farbtopf

tacho de pintura

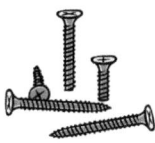

die Schrauben

tornillos

die Musikinstrumente
instrumentos musicales

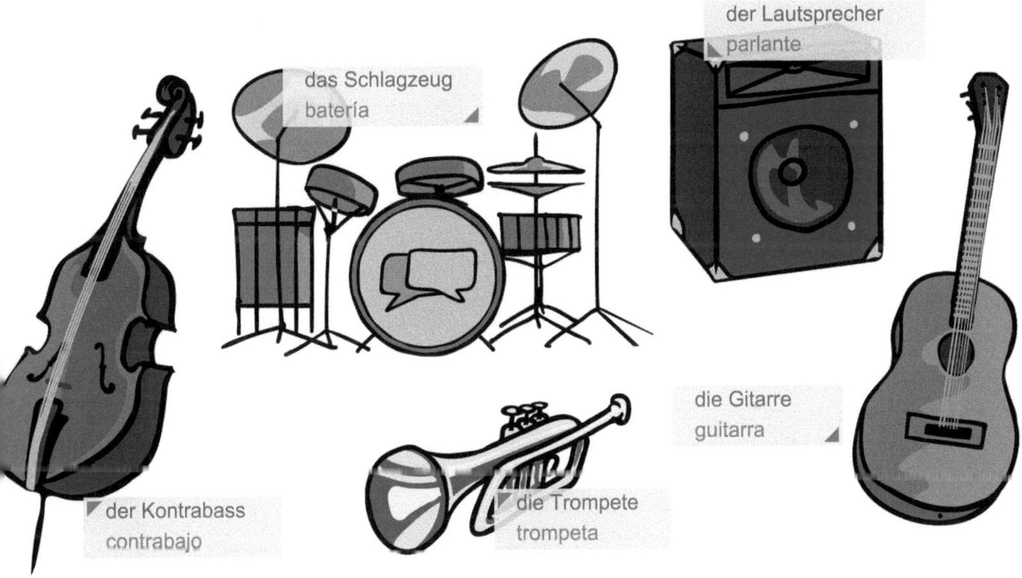

der Lautsprecher
parlante

das Schlagzeug
batería

die Gitarre
guitarra

der Kontrabass
contrabajo

die Trompete
trompeta

das Klavier

piano

die Violine

violín

der Bass

bajo

die Pauke

timbales

die Trommeln

tambor

die Tastatur

teclado

das Saxophon

saxofón

die Flöte

flauta

das Mikrofon

micrófono

der Zoo
zoológico

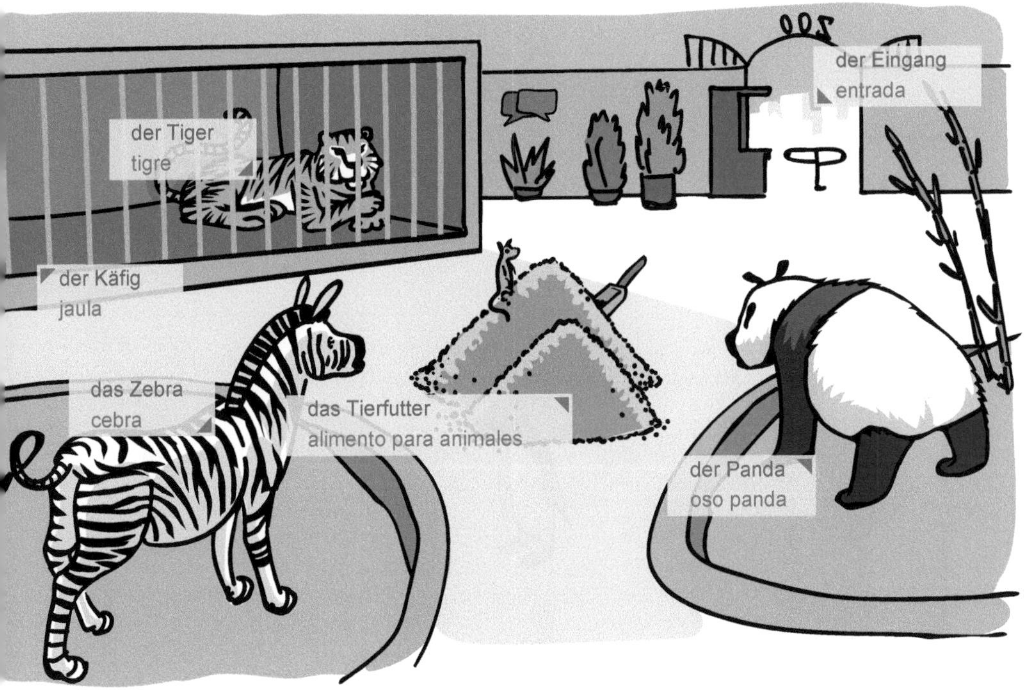

ZOO
der Eingang
entrada
der Tiger
tigre
der Käfig
jaula
das Zebra
cebra
das Tierfutter
alimento para animales
der Panda
oso panda

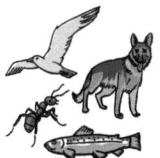

die Tiere

animales

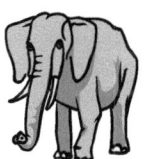

der Elefant

elefante

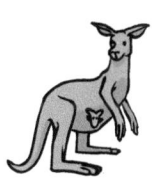

das Känguru

canguro

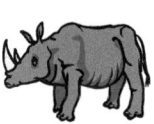

das Nashorn

rinoceronte

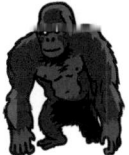

der Gorilla

gorila

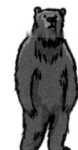

der Bär

oso

das Kamel

camello

der Strauß

avestruz

der Löwe

león

der Affe

mono

der Flamingo

flamenco

der Papagei

loro

der Eisbär

oso polar

der Pinguin

pingüino

der Hai

tiburón

der Pfau

pavo real

die Schlange

serpiente

das Krokodil

cocodrilo

der Zoowärter

cuidador del zoológico

die Robbe

foca

der Jaguar

jaguar

das Pony
poni

der Leopard
leopardo

das Nilpferd
hipopótamo

die Giraffe
jirafa

der Adler
águila

das Wildschwein
jabalí

der Fisch
pescado

die Schildkröte
tortuga

das Walross
morsa

der Fuchs
zorro

die Gazelle
gacela

der Sport

deportes

das American Football
fútbol americano

das Radfahren
ciclismo

das Tennis
tenis

der Basketball
básquet

das Schwimmen
natación

das Boxen
boxeo

das Eishockey
hockey sobre hielo

der Fußball
fútbol

das Badminton
bádminton

die Leichtathletik
atletismo

der Handball
handball

das Skifahren
esquí

das Polo
polo

die Aktivitäten
actividades

lachen
reír
springen
saltar
umarmen
abrazar
gehen
caminar
singen
cantar
träumen
soñar
beten
rezar
küssen
besar

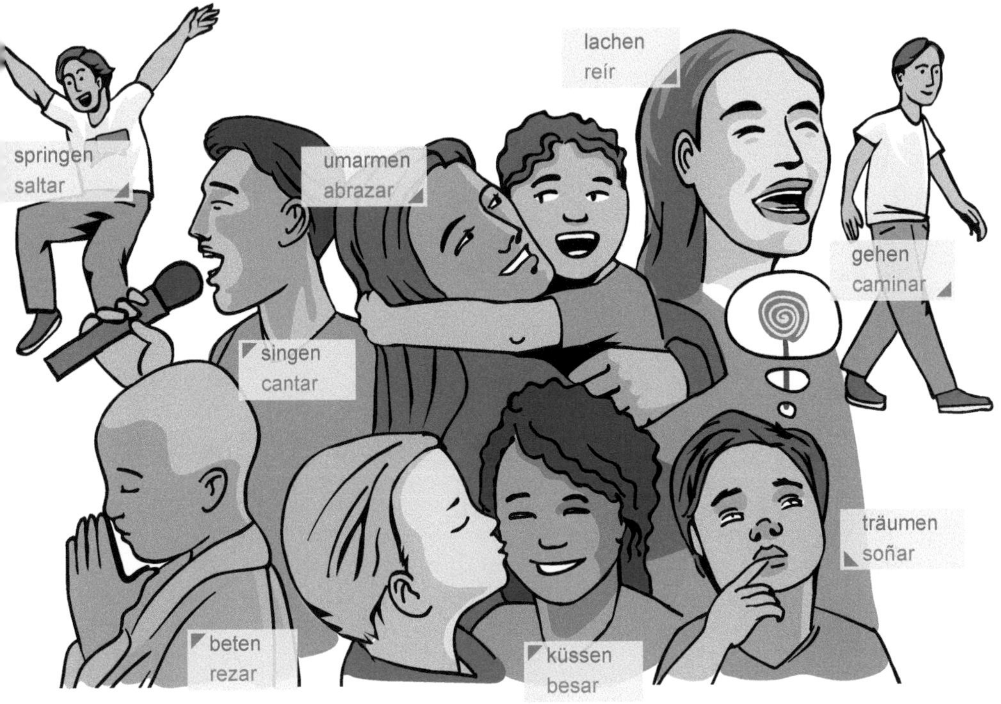

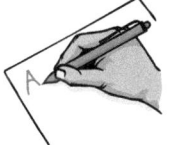

schreiben
escribir

zeichnen
dibujar

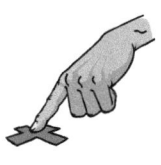

zeigen
mostrar

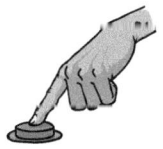

drücken
presionar

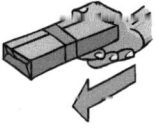

geben
dar

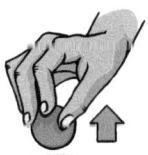

nehmen
tomar

haben
tener

machen
hacer

sein
ser

stehen
estar parado

laufen
correr

ziehen
tirar

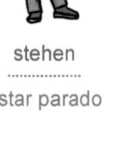

werfen
tirar

fallen
caer

liegen
estar acostado

warten
esperar

tragen
llevar

sitzen
estar sentado

anziehen
vestirse

schlafen
dormir

aufwachen
despertar

ansehen

mirar

weinen

llorar

streicheln

acariciar

frisieren

peinar

reden

hablar

verstehen

entender

fragen

preguntar

hören

escuchar

trinken

beber

essen

comer

zusammenräumen

ordenar

lieben

amar

kochen

cocinar

fahren

manejar

fliegen

volar

segeln

navegar

rechnen

calcular

lesen

leer

lernen

aprender

arbeiten

trabajar

heiraten

casarse

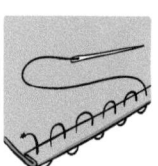

nähen

coser

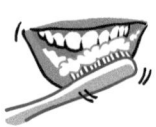

Zähne putzen

cepillarse los dientes

töten

matar

rauchen

fumar

senden

enviar

die Familie
familia

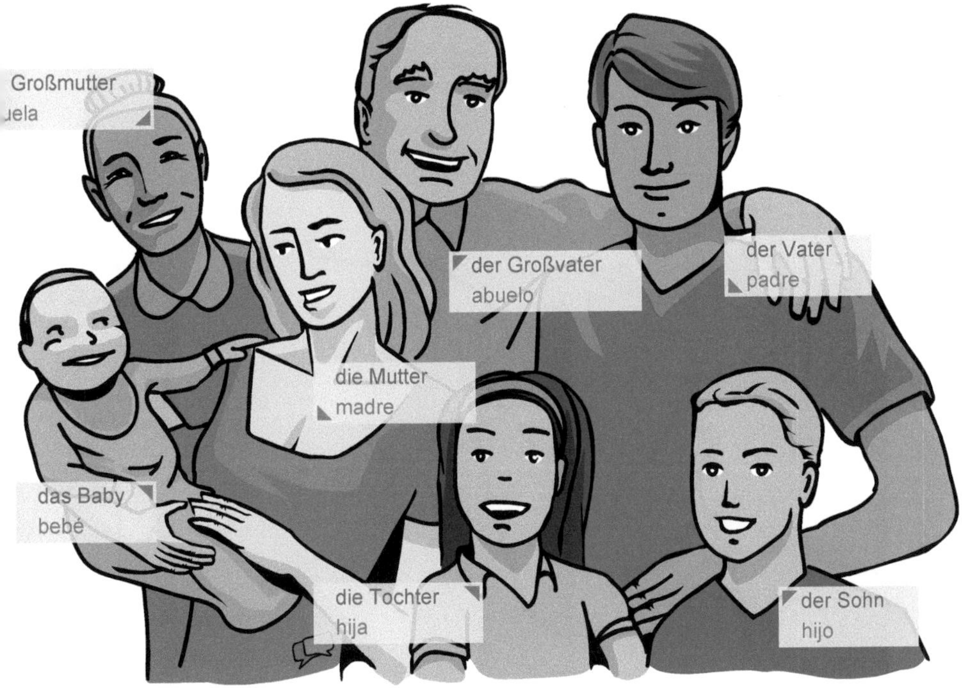
Großmutter
uela
der Großvater
abuelo
der Vater
padre
die Mutter
madre
das Baby
bebé
die Tochter
hija
der Sohn
hijo

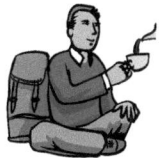

der Gast

invitado

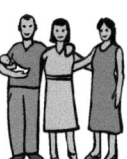

die Tante

tía

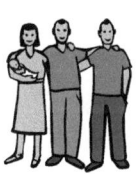

der Onkel

tío

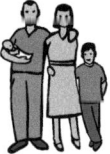

der Bruder

hermano

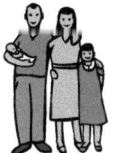

die Schwester

hermana

der Körper

cuerpo

die Stirn
frente
das Auge
ojo
die Schulter
hombro
der Finger
dedo
das Gesicht
cara
das Kinn
pera
die Hand
mano
die Brust
pecho
das Bein
pierna
der Arm
brazo

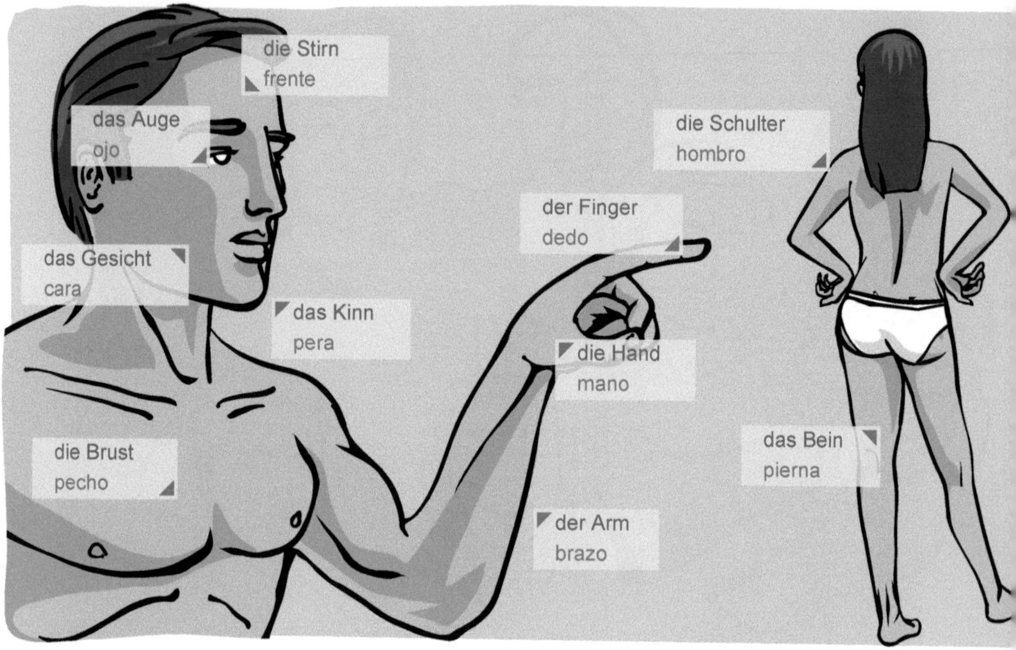

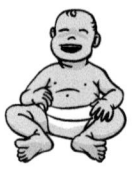

das Baby

bebé

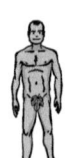

der Mann

hombre

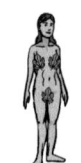

die Frau

mujer

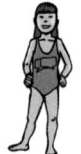

das Mädchen

nena

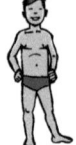

der Junge

nene

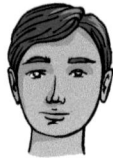

der Kopf

cabeza

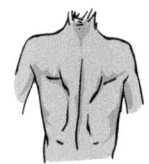

der Rücken

espalda

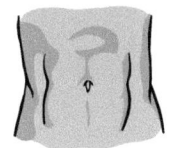

der Bauch

panza

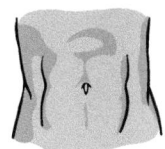

der Nabel

ombligo

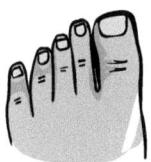

der Zeh

dedo del pie

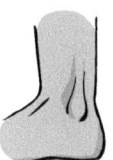

die Ferse

talón

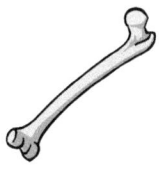

der Knochen

hueso

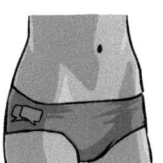

die Hüfte

cadera

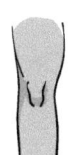

das Knie

rodilla

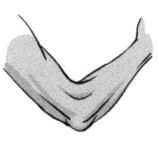

der Ellbogen

codo

die Nase

nariz

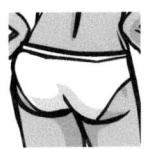

das Gesäß

cola

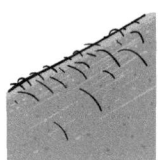

die Haut

piel

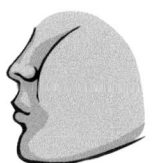

die Wange

cachete

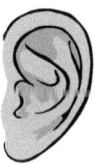

das Ohr

oreja

die Lippe

labio

der Mund

boca

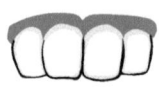

der Zahn

diente

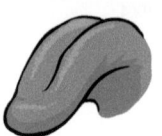

die Zunge

lengua

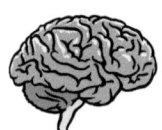

das Gehirn

cerebro

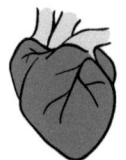

das Herz

corazón

der Muskel

músculo

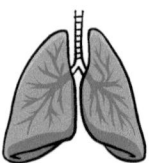

die Lunge

pulmón

die Leber

hígado

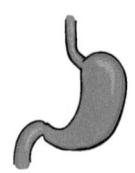

der Magen

estómago

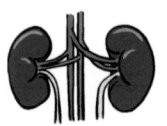

die Nieren

riñones

der Geschlechtsverkehr

sexo

das Kondom

preservativo

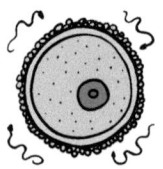

die Eizelle

óvulo

das Sperma

semen

die Schwangerschaft

embarazo

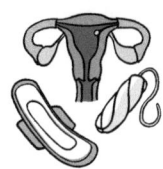

die Menstruation

menstruación

die Vagina

vagina

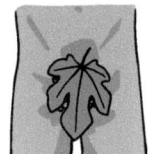

der Penis

pene

die Augenbraue

ceja

das Haar

pelo

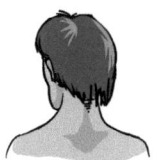

der Hals

cuello

das Spital
hospital

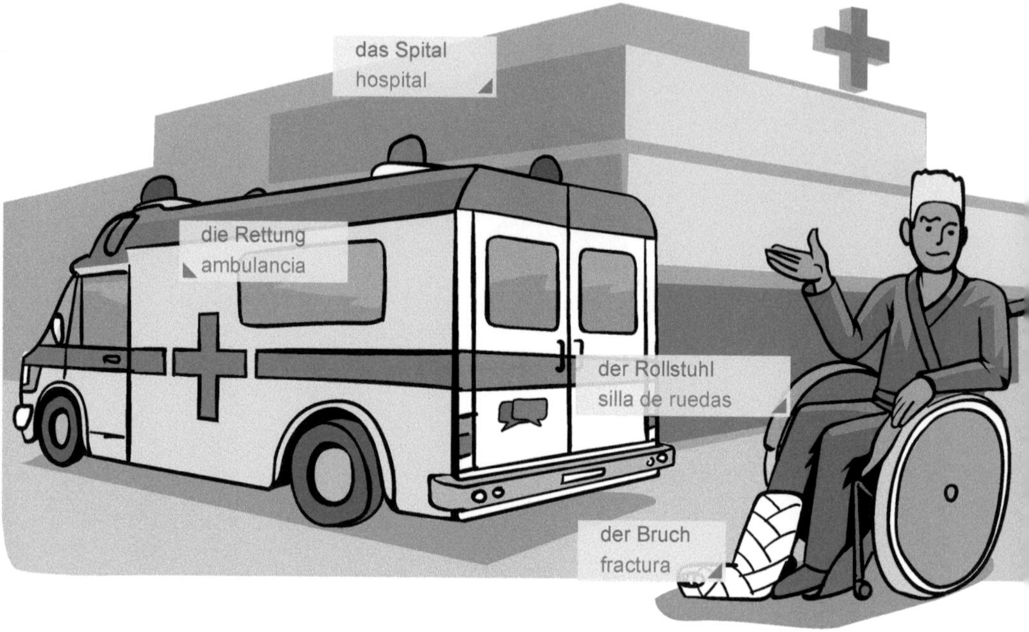

das Spital
hospital
die Rettung
ambulancia
der Rollstuhl
silla de ruedas
der Bruch
fractura

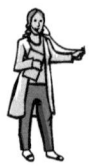

die Ärztin

médico

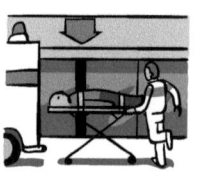

die Notaufnahme

sala de guardia

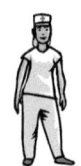

die Krankenschwester

enfermera

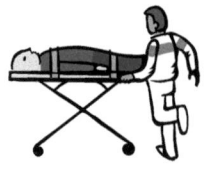

der Notfall

emergencia

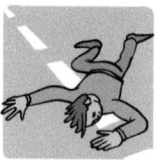

ohnmächtig

inconsciente

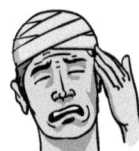

der Schmerz

dolor

die Verletzung

lesión

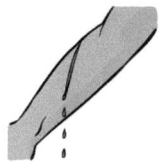

die Blutung

hemorragia

der Herzinfarkt

infarto

der Schlaganfall

ACV

die Allergie

alergia

der Husten

tos

das Fieber

fiebre

die Grippe

gripe

der Durchfall

diarrea

die Kopfschmerzen

dolor de cabeza

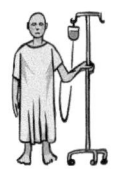

der Krebs

cáncer

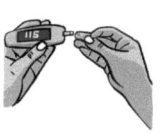

die Diabetes

diabetes

der Chirurg

cirujano

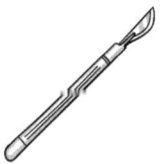

das Skalpell

bisturí

die Operation

operación

das CT

TC

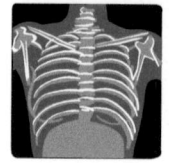

das Röntgen

rayos x

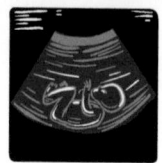

der Ultraschall

ecografía

die Maske

barbijo

die Krankheit

enfermedad

das Wartezimmer

sala de espera

die Krücke

muleta

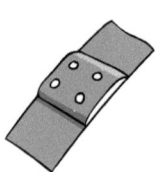

das Pflaster

curita

der Verband

venda

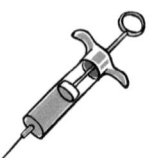

die Injektion

inyección

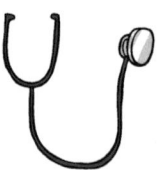

das Stethoskop

estetoscopio

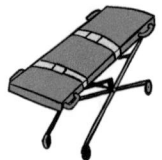

die Trage

camilla

das Thermometer

termómetro

die Geburt

nacimiento

das Übergewicht

sobrepeso

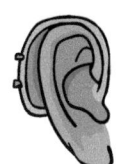

das Hörgerät
audífono

das Desinfektionsmittel
desinfectante

die Infektion
infección

das Virus
virus

das HIV / AIDS
VIH / SIDA

die Medizin
remedio

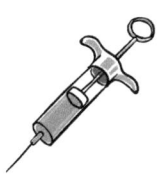

die Impfung
vacunación

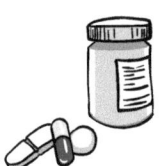

die Tabletten
comprimidos

die Pille
pastilla anticonceptiva

der Notruf
llamada de emergencia

der Blutdruckmesser
tensiómetro

krank / gesund
enfermo / sano

Hilfe!

¡Ayuda!

der Alarm

alarma

der Überfall

agresión

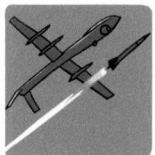

der Angriff

ataque

die Gefahr

peligro

der Notausgang

salida de emergencia

Feuer!

¡Fuego!

der Feuerlöscher

matafuego

der Unfall

accidente

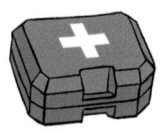

der Erste-Hilfe-Koffer

botiquín de primeros
auxilios

SOS

SOS

die Polizei

policía

das Europa

Europa

das Nordamerika

América del Norte

das Südamerika

América del Sur

das Afrika

África

das Asien

Asia

das Australien

Australia

der Atlantik

Atlántico

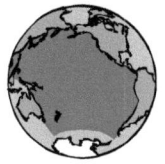

der Pazifik

Pacífico

der Indische Ozean

Océano Índico

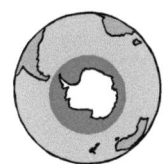

der Antarktische Ozean

Océano Antártico

der Arktische Ozean

Océano Ártico

der Nordpol

polo norte

der Südpol

polo sur

die Antarktis

Antártida

die Erde

Tierra

das Land

tierra

das Meer

mar

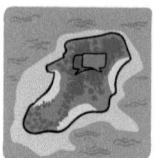

die Insel

isla

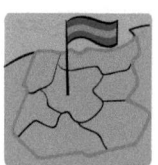

die Nation

nación

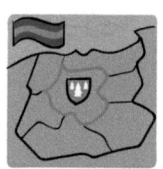

der Staat

estado

das Ziffernblatt

esfera

der Stundenzeiger

manecilla de las horas

der Minutenzeiger

minutero

der Sekundenzeiger

segundero

Wie spät ist es?

¿Qué hora es?

der Tag

día

die Zeit

hora

jetzt

ahora

die Digitaluhr

reloj digital

die Minute

minuto

die Stunde

hora

die Woche

semana

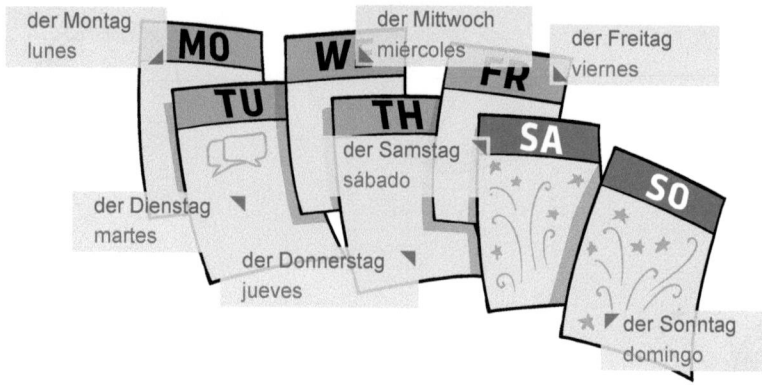

der Montag
lunes

der Dienstag
martes

der Mittwoch
miércoles

der Donnerstag
jueves

der Freitag
viernes

der Samstag
sábado

der Sonntag
domingo

gestern

ayer

heute

hoy

morgen

mañana

der Morgen

mañana

der Mittag

mediodía

der Abend

tarde

die Arbeitstage

días hábiles

das Wochenende

fin de semana

das Jahr

año

der Regen
lluvia
der Regenbogen
arco iris
der Schnee
nieve
der Winc
viento
der Frühling
primavera
der Herbst
otoño
der Sommer
verano
der Winter
invierno

4.APRIL 11°
5.APRIL 4°
6.APRIL 13°
7.APRIL 8°
8.APRIL 10°

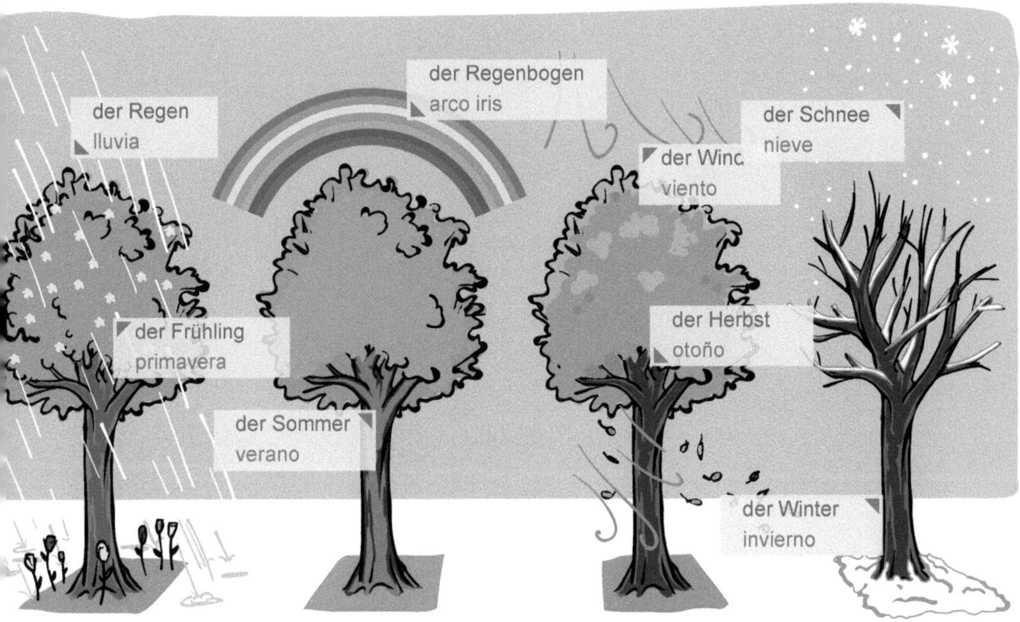

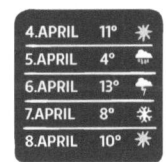

die Wettervorhersage

pronóstico meteorológico

F C
120 40
90 30
60 20
30 10
0 0
-30 -10
-20

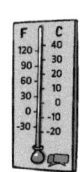

das Thermometer

termómetro

der Sonnenschein

luz del sol

die Wolke

nube

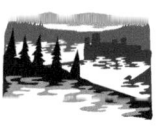

der Nebel

niebla

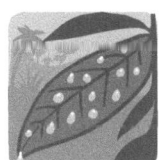

die Luftfeuchtigkeit

humedad

der Blitz

rayo

der Donner

trueno

der Sturm

tormenta

der Hagel

granizo

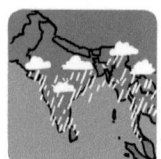

der Monsun

monzón

die Flut

inundación

das Eis

hielo

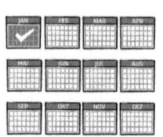

der Jänner

enero

der Februar

febrero

der März

marzo

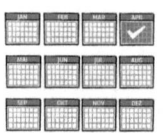

der April

abril

der Mai

mayo

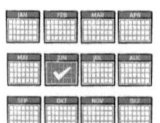

der Juni

junio

der Juli

julio

der August

agosto

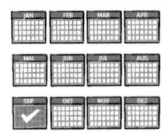

der September
....
septiembre

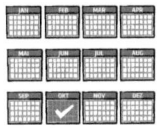

der Oktober
....
octubre

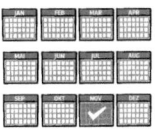

der November
....
noviembre

der Dezember
....
diciembre

die Formen
formas

der Kreis
....
círculo

das Quadrat
....
cuadrado

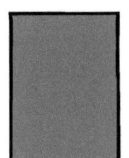

das Rechteck
....
rectángulo

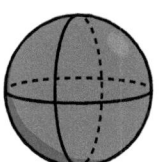

das Dreieck
....
triángulo

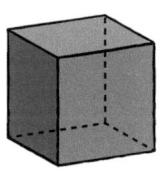

die Kugel
....
esfera

der Würfel
....
cubo

weiß

blanco

gelb

amarillo

orange

naranja

pink

rosa

rot

rojo

lila

violeta

blau

azul

grün

verde

braun

marrón

grau

gris

schwarz

negro

viel / wenig

mucho / poco

wütend / friedlich

enojado / tranquilo

hübsch / hässlich

lindo / feo

der Anfang / das Ende

principio / fin

groß / klein

grande / chico

hell / dunkel

claro / oscuro

er Bruder / die Schwester

hermano / hermana

sauber / schmutzig

limpio / sucio

vollständig / unvollständig

completo / incompleto

der Tag / die Nacht

día / noche

tot / lebendig

muerto / vivo

breit / schmal

ancho / angosto

genießbar / ungenießbar

comestible / no comestible

böse / freundlich

malo / amable

aufgeregt / gelangweilt

entusiasmado / aburrido

dick / dünn

gordo / flaco

zuerst / zuletzt

primero / último

der Freund / der Feind

amigo / enemigo

voll / leer

lleno / vacío

hart / weich

duro / blando

schwer / leicht

pesado / liviano

der Hunger / der Durst

hambre / sed

krank / gesund

enfermo / sano

illegal / legal

ilegal / legal

gescheit / dumm

inteligente / estúpido

links / rechts

izquierda / derecha

nah / fern

cerca / lejos

neu / gebraucht

nuevo / usado

nichts / etwas

nada / algo

alt / jung

viejo / joven

an / aus

encendido / apagado

offen / geschlossen

abierto / cerrado

leise / laut

silencioso / ruidoso

reich / arm

rico / pobre

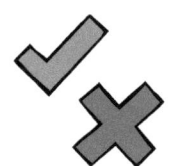

richtig / falsch

correcto / incorrecto

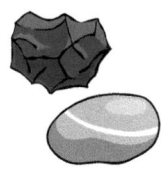

rau / glatt

áspero / suave

traurig / glücklich

triste / contento

kurz / lang

corto / largo

langsam / schnell

lento / rápido

nass / trocken

mojado / seco

warm / kühl

caliente / frío

der Krieg / der Frieden

guerra / paz

die Gegenteile - opuestos

die Zahlen

números

0

null

cero

1

eins

uno

2

zwei

dos

3

drei

tres

4

vier

cuatro

5

fünf

cinco

6

sechs

seis

7

sieben

siete

8

acht

ocho

9

neun

nueve

10

zehn

diez

11

elf

once

12

zwölf

doce

13

dreizehn

trece

14

vierzehn

catorce

15

fünfzehn

quince

16

sechzehn

dieciséis

17

siebzehn

diecisiete

18

achtzehn

dieciocho

19

neunzehn

diecinueve

20

zwanzig

veinte

100

hundert

cien

1.000

tausend

mil

1.000.000

Million

millón

Englisch

inglés

Amerikanisches Englisch

inglés americano

Chinesisch (Mandarin)

chino mandarín

Hindi

hindi

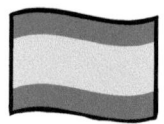

Spanisch

español

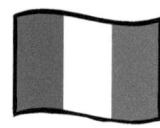

Französisch

francés

Arabisch

árabe

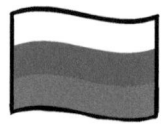

Russisch

ruso

Portugiesisch

portugués

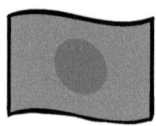

Bengalisch

bengalí

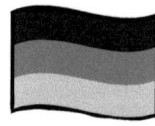

Deutsch

alemán

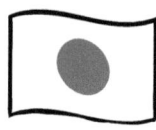

Japanisch

japonés

ich
yo

du
vos

er / sie / es
él / ella

wir
nosotros

ihr
ustedes

sie
ellos

Wer?
¿quién?

Was?
¿qué?

Wie?
¿cómo?

Wo?
¿dónde?

Wann?
¿cuándo?

Name
nombre

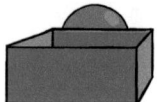

hinter
....
detrás

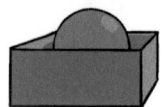

in
....
en

vor
....
adelante de

über
....
por encima de

auf
....
sobre

unter
....
debajo de

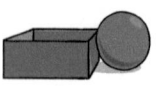

neben
....
al lado de

zwischen
....
entre

der Ort
....
lugar